沙漠花開時

When the Desert Blooms

找回內在平靜的 42 則生命寓言

普仁羅華　著
Prem Rawat

城井文　插畫
Aya Shiroi

Contents

序言

深山裡住著一個園丁。他每天都會走下山，來到流經山谷的溪水邊，打滿兩陶罐的溪水去灌溉他的花園。

兩瓶盛滿溪水的陶罐，各自繫在扁擔的兩頭，他便挑著扁擔，沿著陡峭的山路，挑到山坡高處的花園。打理花園並不輕鬆，但那人樂在其中。一個炎熱的夏日，在回程半路中，他決定歇一下。當他把陶罐卸下時，地面突起的一塊小石頭把其中一個陶罐弄破了一個小洞。

幾個月後，當園丁在溪旁打盹時，沒有破洞的陶罐對破了洞的陶罐說：「你真沒用。」

有洞的陶罐回應道：「你說我沒用是什麼意思呢？」

「你身上有個洞，主人每天那麼辛勞地挑水；但當我們回到花園時，你裝的水大部分都漏掉了。」

有洞的陶罐聽了，心中難過起來。

第二天，有洞的陶罐對園丁訴說他的感受。

「我的朋友，告訴我，你為什麼難過呢？」園丁問。

「每一天，你把我裝滿水，辛辛苦苦地爬上山；但當我們回到花園時，我大部分的水都漏掉了。」

「沒錯，你是破了一個洞。但是，你知道那意味著什麼嗎？」園丁說。

「那意味著我沒用，我再也無法完成裝水的工作了。」有洞的罐說著，更加難過了。

「你看到這條通往花園的山徑嗎？」園丁說：「正因為你，山徑兩旁開滿了花。當我發現你破了洞的時候，我便開始沿路撒下種子。現在山徑上妝點著美麗的顏色，蜜蜂飛來花間採蜜。你看，你並非全然無用。」

你

你知道你是誰嗎？
這聽起來是個奇怪的問題，
但當你能開始感覺你內在正發生的一切，
你的故事才真正開始。

如果這一生是你的故事，難道你不想確保它是一個有趣的故事嗎？

有些人希望他們的故事是一場歷險。他們想攀登喜瑪拉雅山，或者做前人從未辦到的事。然而最偉大的歷險，是向內追尋，並去認識真正的你，那個你，是永不變異的，即使你的軀體逐漸老去也如是。

由始至終，你將和你自己一起經歷這個故事，但你會與自己為友嗎？你願意聆聽你真正想要的嗎？那個事物，你對它的渴求無時不在，揮之不去。當你能感覺到這份渴求時，你就準備好要去寫你的故事了。

你了解你周圍的人，

然而你了解自己嗎？

病人：醫生，我很痛。

醫生：哪裡痛？

病人：渾身都痛。我碰到頭時很痛，碰到下巴時也痛，我的耳朵、我的腿——渾身都痛。

醫生：我明白了，我覺得你的手指頭斷了。

你可曾用心去經營你和自己的關係？抑或你一直更關注別人怎樣看待你？

我們擔心鄰居和同事怎樣看我們。我們學會用世俗的尺規來衡量自己、衡量自己的地位和成功與否。

重要的是，我們對自己感覺如何。我們感覺良好嗎？我們感覺自在嗎？抑或不然？

別浪費絲毫時間來衡量你自己了，開始側耳傾聽在你內在所發生的一切，開始去認識那位同伴、那個力量吧！

椰子

每當你看到一個小小的熱帶無人島時，你會看到那裡有一棵椰子樹高高聳立著。它是怎樣到達那兒的呢？它克服了極艱困的環境，進行了一趟希望渺茫的旅程。它沒有地圖或全球定位系統，也沒有船帆或引擎；然而那小小的椰子，具足了展開這趟旅程所需的一切。在海洋中活命需要水，椰子抵達新的海岸萌芽時也需要水。旅途中，它會被水包圍，但鹹水不能喝，所以椰子備好自己甘甜的水。椰子的外殼在整趟旅程中提供了浮力和保護，而它露出水面的部分，正好招風，作用如帆。

椰子懷著極大的勇氣，啟程朝向一個未知的目的地。它從樹上掉下，在浪濤中翻滾，一再一再地嘗試衝向茫茫外海，一旦進入外海，便能乘著風、順著洋流上路。在浩瀚的海洋當中，巨浪滔天，小小的椰子毫不畏懼。我們建造船隻、巨大的油輪，但當暴風雨來時，那些船隻便馳往最近的港口，直至暴風雨過後才再度啟航。謙卑的椰子卻不然。它隨著每一個海浪昂首而上，也隨著每一個海浪翻身而下。那場風暴已然被轉化為幫它上路的助力。

然後有一天，隨著漲潮，它被沖到了一個嶄新的海岸邊。它靜靜地扎根，不久的某一天，另一顆椰子又將從那兒準備就緒起航。椰子充分利用它所擁有的，毫不猶疑的把握著每一個機會，找到了它的安身處。它可以安住的地方。

同樣的，我們都具備找到安身之所的要素。使出我們的勇氣，去找尋讓我們與自己相安的內在之境。

選擇

明晰而清楚地作出選擇，
然後付諸實行。
發展能覺察內在心境的能力，
並讓此成為你生命的根基。

信仰，有點像你在排一條永遠到不了櫃台的隊伍。隊伍裡有很多其他人，而人人都正在引頸以待，期盼最終來到櫃台前，會發生一些特別的事情，等待一個特別的人出現並替自己解決問題。

而你是最有資格去解決自身問題的人。如果你可以開始看清楚，作出好的選擇，並把那些選擇化為行動，你就毋須再相信某些也許會、也許不會發生的事了。

人生必須作出選擇,即使我們發現自己置身絕望的處境時,我們仍然需要作出選擇,有時這真不容易,然而我們每一個人內在都有一個強大力量的源頭。當我們不知道那個力量時,我們會尋求他人幫助。然而毋須向外尋找,你內在已有一個不可思議的力量。你需要做的只是和它連繫上。

我見過人們跌至谷底,陷於難以想像的困難處境中。我去過監獄對那些毫無機會離開牢房的人講話。沒有隱私空間,空氣中永遠瀰漫著暴力的威脅,慘絕的處境。然而我見過身處同一境

況的人，找到自己內在的力量而開始閃耀起來。這不是幻想、不是空想，而是真實。

用你的力量，盡你的誠懇，開始去認識真正的自己、內在的自己。然後，憑著那堅固的根基，作出選擇並開始對你所選擇的付諸實踐。

兩隻螞蟻

一天，兩隻螞蟻在路上巧遇。

一隻住在糖山，一隻住在鹽山。

鹽螞蟻說：「我以前沒有在這附近見過你，你從哪裡來的？」

糖螞蟻回答：「我住在糖山。」

鹽螞蟻問：「糖山？什麼是糖？」

「糖既香甜又可口，單想一下也會流口水。你確定你以前沒吃過糖？」

「我們那裡都是鹽，任你吃，但會令你口渴。你所說的糖聽起來很不錯啊！」

「那麼，來探訪我的糖山吧！親自嚐嚐它有多美味。」

兩隻螞蟻訂了一個日期，相約在糖山見面。糖螞蟻指示前往糖山的路徑。

　　會面的日期臨近了，鹽螞蟻開始想：「如果我不喜歡糖怎麼辦？我長途跋涉會很餓的。以防萬一，我還是在口裡含些鹽比較穩妥。」

　　糖螞蟻在糖山等著要接待鹽螞蟻。

　　「歡迎來到我的糖山。來嚐一下，看看糖有多美味。」

　　鹽螞蟻把一些糖放進嘴裡：「嗯，味道和我的鹽差不多嘛！」

　　鹽螞蟻的反應，讓糖螞蟻很困惑：「你確定嗎？糖和鹽味道大大不同，你再多嚐點看看。」

　　鹽螞蟻再多放些糖進嘴裡，過了一會：「沒錯，和我的鹽味道一樣。只是這裡你稱為糖，我居住的地方稱為鹽罷了。其實都是相同的東西。」

糖螞蟻知道鹽和糖味道是不同的，所以他知道有地方出了問題。他思索了一會兒：「張開你的嘴巴，讓我看看裡面有什麼。」

　　鹽螞蟻張開嘴巴，果然有一塊很大的鹽巴在那裡。

　　糖螞蟻說：「這就是問題所在了，把鹽吐出來，再嚐一下糖吧。」

　　鹽螞蟻把鹽吐出來，再嚐一下糖。

　　他終於嚐到甜味。他說：「嘩！真不可置信，多甜啊！我以後再也不回去我的鹽山了。」

人生中，我們要拋開過往向前邁進。成功，建立在我們能進化、學習和生長的能力。要進化，我們得持守好的並放下不需要的。

我們愈能這樣做，便會愈成功。這個故事亦啟示我們，有時，我們是自己最可怕的敵人。我們傾向於不接受事情的本然，而是透過自己的濾鏡去看待一切。

有人問我：「我還有選擇嗎？不是一切都由星星的運行來決定的嗎？」就好像牌桌上的牌已經發給你了，由不得你去作選擇。

我給的答案是：「不，這不關星星的事。」我們自身的困惑導致我們作出差勁的選擇，我們的問題大多也因之而產生。當我們可以放開既定成見時，我們才可以開始看見事物的原貌。然後我們才會有全面的選擇。

當我們可以開始有覺知地去選擇時，就好比點燃了一盞燈。
當點燃一盞燈，無論那盞燈多細小，我們得以看見在黑暗中看
不見的東西。有覺知的選擇成為你的力量，成為你自身驅除黑
暗的燈。

這世界充滿了問題，但同時也充滿了喜悅。比如有一層厚厚的烏雲，但在其上，就是壯麗澄明蔚藍的天空，太陽照耀著。問題是，你想置身於哪裡？而這是你的選擇。

博學的鸚鵡

有一個愛養鸚鵡的人。一天他決定要教養出最有學識的鸚鵡，於是他買了兩顆鸚鵡蛋。他把蛋放在溫暖的地方，而蛋孵化成小鸚鵡。他一面照顧鸚鵡，一面將平生所識傳授給牠們。他教小鸚鵡科學和歷史，並為牠們彈奏音樂。鸚鵡日漸長大，日漸學習更多更複雜的事物，到成年時已變得學問淵博。牠們可以完美無瑕地背誦貝多芬的交響樂，也能記住牛頓的物理定律和種種複雜的方程式。

有一天那人去世了，丟下兩隻鸚鵡在屋裡。

當親戚來清理他的遺物時，發現那兩隻鸚鵡。沒有人願意照顧牠們，於是他們把鳥籠放在窗前，把鳥籠的門打開。那兩隻博學的鸚鵡跳出窗外，跳到窗邊的樹枝上。牠們爬上一枝較高的樹枝時，那裡停著一隻野生的鸚鵡，大家就開始攀談起來。

這兩隻鸚鵡說：「我們是非常博學的鸚鵡，我們通曉科學、文學和音樂。」

看到野生鸚鵡面露佩服的神色，牠們便繼續賣弄才學，背誦詩歌和方程式。

說著說著，野生鸚鵡不禁對博學鸚鵡肅然起敬。牠們學多識廣而自己卻是如此孤陋寡聞。

當博學鸚鵡在背誦一首交響樂時，野生鸚鵡從眼角瞥見樹下有一隻貓。貓也看到了牠們，並沿著樹幹爬上來。野生鸚鵡問那兩隻博學鸚鵡：「你們曉得怎麼飛嗎？」

牠們說：「當然曉得。羽翼下面的氣壓比上面的氣壓大，這讓我們可以飛起來。」

野生鸚鵡說：「不，不，不是理論，我是說你們真的會飛嗎？」

那兩隻鸚鵡說：「不會。不過我們曉得那麼多，不曉得那種小事肯定不要緊。」

野生鸚鵡張開雙翼從樹枝起飛。牠飛走時，對那兩隻博學鸚鵡說：「你們的確很博學，可是竟然不懂你們真正該曉得的事。祝你們好運了。」

還記得你怎樣學會騎腳踏車嗎？

「踩啊踩！看前面，保持平衡。」教你的人可能會給你這個建議，但就算你記住了，結果還是會跌倒。你一再地跌倒。然後有一天，你學會了。你感覺到那平衡點。無論你是否曉得那些公式，你一旦感覺到那平衡點，你就曉得怎樣去騎腳踏車了。

鸚鵡的故事和自行車的例子，說明了學術資訊和實際知識兩者的分別。在我們生活的這個年代，資訊泛濫。大學畢業的人前所未有的多。然而這無助於解決我們面對的全球性問題。事情正變得愈來愈複雜，問題叢生。

資訊固然重要，但對於生命中最根本的事物，你需要去知道。你需要去感覺，讓它具體而確實，這樣你才能在生活中加以實際應用。

成長，像置身於一艘大帆船中。一開始，你從甲板上可以看見一定的景域。如果你稍稍攀上桅杆，可以見到更多。如果你再攀高一點，可以看得更遠。如果你繼續攀爬，就會去到桅頂守望台。居高臨下，船周遭一切景物都在你視野內，遠處也一覽無遺。成長，不是一個創造新景色的過程，而是在當中可以把事物看清楚、看出真實面貌的一個過程。

和平

衝突的發生有三個層次。

第一個層次，發生在兩個國家之間。

第二個層次，發生於兩個人之間。

第三個層次，

發生於個人內在的衝突。

個人內在的衝突，

會導致人與人之間的衝突，

而人與人之間的衝突，會導致國與國之間的衝突。

我們所看到世界上的戰爭，以及我們與周遭人們之間的爭執，全都始於個人內在。外在的戰爭可以暫時止息，但除非個人內在的衝突得以解決，不然遲早會重新引爆外在的衝突。

第一步，是個人在自心先培養和實踐和平。當有足夠的個人這樣做的時候，才可能終結外在的戰爭。

尋找和平，並非是指爬上高山，或是成為一個不會感知或表達情緒的木頭人。這純然是觀照個人內在的課題。你可以經驗到的真正和平，並非存在於他處，而在自心。

你跟自己和平共處了嗎？

烏龜的野餐

有一天，烏龜一家去野餐。他們準備了食物、飲品和一張野餐毯，並把這些東西都裝進野餐籃內。他們離家出發，漫步而行尋找野餐的好地點。

身為烏龜，自然爬得慢吞吞，所以花了好些時間才找到理想的地點。

找到地方後，他們便布置一番，舖好野餐毯，拿出三明治和飲料。

烏龜媽媽說：「噢，糟了，我忘記帶開瓶器。」

她對大兒子說：「親愛的，回家幫我帶來好嗎？」

那孩子喊道：「我不要回家去拿！」

媽媽問：「為什麼？」

他指著弟弟說：「如果我去，他會吃了我的三明治。」

「我答應你，不讓他吃你的三明治。」媽媽向他保證。

討論了好一會，直至最後，大兒子才同意回去拿開瓶器。於是他便動身回家。

一星期過了，烏龜弟弟開始餓了。

他指著哥哥的三明治說：「你認為哥哥真的會回來嗎？我餓了，我想吃那份三明治。」

媽媽勸道：「再等一會兒吧。」

又過了兩天，弟弟簡直餓昏了，他再問：「我快餓死了。現在可以吃那份三明治了嗎？」

爸爸說：「嗯，哥哥已去了好些天。兒子，去吃那份三明治吧。」

於是弟弟拿起三明治，正要咬下去時，冷不防哥哥從一棵樹後面蹦出來，原來他一直躲在那裡。
「我就知道！我就知道你會吃我的三明治！」

這就是現今世界的狀況。人與人之間、國與國之間，存在著那麼多的不信任、那麼多剝奪彼此尊嚴的事。我們由於不信任而互相監視，而不是把需要的事情做好。我們忙於互相指責，而不是合力去解決人類所面對的真正問題。

人類的種種理由和制度已變得比人類本身還重要了。

我窮畢生心力去指向我們內在的和平，指出我們需要感受的
和平，因為這正是欠缺的要素。

我們擅長於其他事物。我們把火箭射上了月球；創造出精小
的手機；我們用小小的塑膠卡片取代現金購物。科技這麼進
步，但我們內在的和平以及人類的尊嚴卻沒有進步。我們每
人都需要去開發對自心內在的了解，然後盡一切所能去提升
人類的自覺意識，這樣我們才能同心協力處理正在逼進我們
的問題。

嬰兒時期，當你有某些需求時，你會啼哭，

得到滿足了，就會微笑。

從那時起，你的基本需求就沒有改變過。

開始覺察你必須要去滿足的那份需求吧。

當你承認那份需求時，你已經踏出了第一步，

進而去滿足這份需求。

你費了很多精力追求舒適。你買一張好床，讓你晚上睡得舒服；你買鞋時，會試穿並且在店裡踱來踱去，確保鞋子合腳好穿。這是人人為了讓身體舒服都會付出的努力。

我們可也有花心思讓我們自己的內在感覺舒服？

還是我們只是習以為常地感受內在空虛？感受困惑？感受憤怒？

我們是否習於汲汲營營而非欣欣向榮？

那好比試穿新鞋，有根粗大的釘子刺穿鞋底突出來，卻還說：「這雙鞋還可以。」

當我們碰到燙的東西時，身體不由自主地縮手。這是我們人人都有的自衛本能。

我們不也有個推動我們去感覺內在舒坦的本能嗎？

如果你本能地想要感覺內在舒適，那麼你應順其自然，讓其發生。

我們內在有一個花園。一個不受世間混濁沾染的花園。一個無人可以進入侵擾的花園。

圍繞著我們的世界，當中有愛有恨，充滿懸疑迷離。日常的戲碼正在連場上演。

然而，你內在有一個地方，在那裡你可以是本然的你。沒有偽裝、沒有謊言。一個你可以完全舒坦自在的地方。

這樣的一個花園存在於每個人自心。

把你每日飾演的頭銜和角色擱在一旁。在那內在的花園裡，和自己共處，就只有你自己。

就算你的自由被剝奪，處境艱難，也沒有任何事物可以奪走你內在所保有的最珍貴的事物。

要不要努力去認識你的內在，是你的選擇。

也許在你的人生中，曾有那個一刻覺得：「算了，我活不下去了。」

在那個時刻要記住，最重要的事物仍存在你的內心，並且總是都在。你內在保有的才真正屬於你。

生命

你為了什麼而活？
是為了永不回頭的昨天？
還是為了永不到來的明天？
你唯一能置身的地方，
就是稱為當下的這一刻。

25,550天

人的平均壽命是70歲。

即是25,550天。

你會怎樣渡過當下的這一天？

我們一天會看多少次時鐘？

我們明白時鐘在和我們訴說什麼嗎？

它在告訴我們：我們不會永遠停留在這裡。

時間只朝一個方向前進，

當我們的時間到了，也無法使之延長。

這對你來說，意味著什麼呢？

一棵樹不會看著日曆。

樹木不會奔走相告：「明天是春日的第一天，我們來慶祝吧。
你準備好要開花了嗎？」

樹木只是跟隨季節來去往復的自然流轉。

同樣地，在你的生命中，春天應該到來，你應該綻放，並慶祝
你今天活著。

當季節到來，樹木會茁長；而當你的季節到來，把握機會吧。

活在當下

我們常聽說生命是一份禮物。

有時我們很難把它看作一份禮物。

我們聽說生命很寶貴，但我們每天營營役役，往往置諸腦後。

每一天鬧鐘響起，我們的例行瑣事便開始。在我們的意念中，我們知道需要做些什麼。

「我必須去公車站。我必須搭上火車。我必須準時到辦公室。」

我們把這些必須排在前面，先於生命本身。

有些人匆匆忙忙。「快點！快點！」

你在趕什麼呢？難道你不知道，在這趟旅程的終點等候你的是什麼嗎？

時間，是很有意思的，時快時慢。但它不讓你走得比它慢一丁點或快一丁點。你被困在這艘小船裡，它只會跟自己的步伐順流而過。

生命的目的並非為了迎向終點，而是當下，

而是去感覺內在自心。

去享受每一個剎那。

活在這一刻、活在每一個當下。

如果你想明白為何而活，

把自己安放在每個當下之中。

你的生命、你的成就、你的存在。

這一切，全都駐足在當下。

當你覺得生命已無出路，轉過身來，往回看吧，在絕境開啟新的路途。如果你可以這樣去活著，每一天都可以很充實，甚至當事情看似無望時，你也可以在那天發現一些美好。

你在今生即可看見，

你的作為產生了種種結果。

如果你不喜歡這些結果，

那你便需要改變你的做法。

國王的甜點

國王召來他的廚師：「今天，你要給我製作最美味的甜點。」廚師領旨返回廚房。

這要求聽來並非不合理，但每天都發生就另當別論了。國王每晚都想吃最可口的甜點。這份常規任務開始令廚師覺得心煩。每天傍晚國王進晚餐，無論廚師如何挖空心思烹調菜餚，國王總是不滿意。「最可口的甜點」就是廚師唯一聽到的，縈繞耳中，夜夜如是。

好吧，今天就來做點什麼讓國王驚豔吧！

國王果然大為驚嘆！晚餐過後，最奢華的甜點呈在國王眼前，香氣充溢整個皇宮。

每一個嗅到這香味的人都開始口裡生津。今晚廚師的造詣臻至非凡。

　　當國王開始盡情享受那道甜點時，他發現皇宮周圍的老鼠被這奇妙的香味吸引而來，湧進餐廳。餐桌開始擠滿老鼠，牠們爬上窗簾，甚至國王的鬍子也不能倖免，因為老鼠們在搜索任何一丁點甜點所剩下的碎屑。

　　這是一場皇室災難。老鼠萬頭攢動，無處不在，地毯上、繪卷上、掛毯上，而且牠們還陸續湧進。

　　必須召開一場緊急會議來處理這場災難。

　　國王清清喉嚨說道：「我們怎麼辦？我們已被老鼠攻占了。誰有主意就提出來。」

　　大臣們議論紛紛，然後宣告：「國王陛下，我們已得到結論，就是要把貓請來殲滅老鼠。」

當時，這建議聽來甚是合理。

當下召集將軍，領命搜羅全國的貓，把牠們立即帶進皇宮。

不久貓兒們開始出現，此舉的確把老鼠驅趕走了，但現在皇宮卻充斥著貓。

貓、貓、到處都是貓！牠們逢物就抓、在皇室家具上懶洋洋地躺著、在皇室窗簾上磨爪。無間斷的咪噢聲和呼嚕聲震耳欲聾。

是時候召開另一次會議了。

國王開場就問：「嗯，還有別的主意嗎？」

群臣如以往一般大聲爭論。過了好一會，他們宣布：「國王陛下，我們建議你把狗帶進來，因為貓不喜歡狗。」

將軍又被召見，領命去搜羅全國的狗，馬上把牠們帶進皇宮，不得有誤。

　　不久貓便被狗所代替。現在除了狗吠聲不聞其他，而狗的個人習慣未免有點不檢點。

　　是時候召開另一次會議，而這次的議決是：因為狗害怕老虎，所以應該搜羅全國的老虎，把牠們帶進皇宮。

　　不一會兒狗開始消失，皇宮開始擠滿老虎。

　　這可構成一個嚴重的問題！

　　老虎不但凶猛，而且沒有人膽敢動一下，害怕老虎會襲擊他們。

　　另一次會議在極度嚴峻的情況下召開。大家決定要立刻召請大象入宮，因為老虎害怕大象。

　　大象一到，老虎便四處逃散，留下比以前更大的爛攤子。現在整個皇宮擠滿了大象，根本無地讓人走動。

大象把器物砸毀，這場災難實在無法忍受。

沒多久，皇宮開始堆滿象糞。

惡臭熏天。

好，是時候召開另一次會議。這一次議決是該叫老鼠入宮，因為大象怕老鼠。

將軍執行命令。當老鼠開始抵達時，大象就離開了。看到遍地老鼠，宮中每一個人都發現自己繞了圈子又回原地。

國王現在省悟到整場災難其實應歸咎於自己。如果不是他的貪婪，這一切絕對不會發生。

當一個問題出現，人們傾向尋求即時的對策，通常不去思考如何治本。當我們未能明白問題真正的性質，但求治標於一時，往往製造出更大的問題。到頭來落得浪費時間和寶貴的資源。

你人生目前面對的各種問題，其根因是什麼呢？

感謝

你人生的旅程，伴隨著你的第一口呼吸而開始。

從此，呼吸的來去從沒停止過。

它將會伴隨著你，貫穿你的一生，直到最後的一刻。

要感謝你還活著，便珍惜這份存在吧。

呼吸為你帶來了生命。

每當呼吸時，每一口氣息，都是一份真正的禮物。

專注於每一個息出息入。

當你感覺到自己的呼吸正迎來生命，

便帶來一份安慰，和一份滿足。

如果你曾覺得自己渺小而微不足道，那麼記住呼吸這奇蹟正在你之內發生。你可以努力，去記住這口氣，並對它心存感激，這可以成為一個習慣。你和你對這生命的感激之間，不要讓任何其他東西涉入。如果你內在起了衝突，要把它排解開來。專注於活著的單純喜悅，專注於呼吸這份單純的禮物。為之而付出小小的努力，能帶來一份美麗的清明，並重新喚起你對生命的熱忱。

你有一種奇妙的能力，得以體察感激。

不是有人替你開門，而你說「謝謝」的那種感激。

那是感激的其中一種，但還有另外一種。

當你體察感激的能力，可以與你的存在、你這口氣的來去合調時，就會產生一種獨一無二的感激。

當你明白你去感覺的能力、你往內在發現答案的能力、你可以充實圓滿的能力，感激之情，便從你的內在油然而生。

我們並不需要刻意改進體察感激的能力。

它需要我們的接納，成為我們所擁有最強大的力量之一。

有很多人這樣想：「我需要那個。只要得到那個，我就會快樂。」

卻很少人這樣想：「我很快樂，因為我此刻活著。」

如果你不明白活著本身就是快樂的源頭，那麼無論你懂得多少，你仍然缺少了拼圖中關鍵的一塊。

你正在尋找的，就在你自身。

你正在尋找的所有答案，已存於你的內在。

老人的牛奶

以前有一個富有的老人，他喜歡在臨睡前喝一杯溫牛奶。每天晚上，他的僕人都會準備一些牛奶，端進睡房侍候老人喝下。

每一晚，僕人心中都想著，牛奶看起來多美味。

有一天，他決定喝四分之一的牛奶，他把溫水摻進去取代喝掉的牛奶。

老人喝那牛奶時，心想：「不對勁。這奶喝起來很淡。也許我的僕人在騙我。」

於是老人雇了第二個僕人來監視第一個僕人。

晚上，第一個僕人溫了牛奶，就慣常地倒四分之一給自己喝。

第二個僕人看見便說：「那我呢？老闆雇我來監視你，但你若也給我四分之一的牛奶，我就隻字不提。」

那一晚，老人的牛奶，味道更差了。

於是他又雇了另外一個僕人來監視原先的兩個。當那兩個僕人分贓時，第三個僕人說：「喂，伙計們，那我呢？要是你們也分一份給我，我就守口如瓶。」

那天晚上，老人的牛奶是四分之一的牛奶摻了四分之三的溫水。老人很生氣，於是他再多雇一個僕人，並嚴令他監視其他三個。

那天晚上，原先的三個僕人喝掉各自的四分之一，第四個僕人就問：「那我呢？」

但那三個說：「如果你取去四分之一，那就完全沒有剩下的給老人了。」

第四個僕人說：「別擔心，我有辦法。」

那天晚上，老人在床上等著，但他的牛奶始終沒送進來。最後他睡著了。然後第四個僕人躡手躡腳溜進房內，從盛牛奶的空杯底沾些泡沫，輕輕地塗在老人嘴巴四周。

老人早上起床時，怒不可遏。他把全部僕人都叫來。

「我花錢雇你們四人，給我睡前端杯溫牛奶，你們卻偷喝我的牛奶。你們昨晚竟然沒給我送牛奶。」

僕人們異口同聲地說：「老爺，我們確實有給你送奶，相信我們，不然你去照照鏡子。」

老人到浴室照了鏡子，看見嘴巴四周的確有牛奶泡沫，於是想：「也許我昨晚真的喝過牛奶了。」

真正的快樂和感激是從內心湧現的東西。它們並非依靠外在的事件，如隸屬一家成功的公司或者擁有一間雅緻的房子。擁有這些東西不成問題，然而快樂和感激並不遵循某一公式。不要像故事中的老人那樣被外在的假象所蒙蔽。當你能從內在體驗到感激時，你就知道它是真實的。你也知道它於你是珍貴的。

當你被一樣事物觸動時，它會讓你與感激之情產生連結；當你能從內在體察到感激時，它便燃起了你對生命的熱情；當你內在燃起熱情時，它讓你感覺到對別人的慈悲，個人也有所進化。

被觸動、體察感激，和經驗對生命的熱情，會帶來慈悲心和成長。

這種種都是你可以去經驗的，並且逐漸熟稔。

你若能做到這樣，那麼猜疑、憎恨和憤怒，會逐漸遠離。

種子

你生命中的一切，始於你播下的種子。

你想播下哪些種子呢？

我們一出生，就被給予了種子。其中有仁慈的種子和憤怒的種子。愛、明白、懷疑和困惑都是我們被給予的種子。依我們在這生命的土壤播下什麼樣的種子，我們將見到我們花園裡長什麼樣的樹木。有些樹木開出美麗的花朵，有些則長出令人厭惡的黏稠汁液。它們起初全都是小小的種子，但當它們發芽和生長時，便呈現出獨有的特性。有些我們喜歡，有些我們不喜歡。

你在生命中播下哪些種子並栽培它們，這取決於你。

射手和賣油

　　昔日有些人，他們遊走村落之間，做些小買賣或者賣藝，賺取薄利餬口。

　　其中有一名射手。他從小就練習射箭，久而久之，箭術了得。他行走江湖，在市集或村落表演。對村人來說，任何表演都深受歡迎，為生活增添趣味。

　　射手會架設一個細小的箭靶，然後開始展示他高超的箭術。他連環發箭，後箭正中射入靶心的前箭，破其尾翼。凡此種種，村人都覺得十分精彩有趣。

圍觀的人群熱烈拍掌，鼓勵他表演更多稀世絕技。

　　如是者，月復一月，年復一年。射手不獨贏得神射手之盛名，他亦變得自視甚高，目空一切。

　　然後有一天，他在一個市集炫耀技藝之際，一件意想不到的事情發生了。

　　一大群人聚集，當射手炫耀他的技藝時，群眾拍掌喝采。但是當掌聲減弱時，他聽到一個隱約的聲音從群眾後面傳出來：「啊，只是練出來的罷了。」

　　「某個蠢人妄下批評而已。」他心想，一面重新集中精神射出第二枝箭，喝采聲和掌聲四起，隨之又出現同一激怒他的評論：「啊，只是練出來的罷了。」

　　他再次集中精神繼續去打動他的觀眾。

然而，他徹底被激怒了，於是提早結束表演，去搜尋那個作出惱人評論的人。

　　他留意到在人群後面，有一個賣油郎坐在他兩桶油和一堆空瓶子旁邊。

　　射手責問：「喂，你呀，是不是你一直在說只是練出來的罷了？」

　　賣油 回答說：「是啊，就是我。」

　　「只是練出來的罷了是什麼意思？難道你不知道我是最棒的嗎？沒有人比得上我。我的箭術舉世無双。」

　　賣油郎說：「別生氣，因為你練習，所以你變成了得。如果你沒練習，你就不會這麼了得了。」

　　射手反駁：「如果只是靠練習，那任何人都做得到，但唯獨我有這些能力。」

「讓我給你看一樣東西，」謙虛的賣油郎一面說，一面從口袋中掏出一枚銅錢。那是中間有個孔洞的銅錢。他把銅錢放在一個空瓶子上，提起那大桶沉甸甸的油，開始穿過那個孔，直倒入瓶中而沒有濺出一滴油。

　　他轉頭向射手說：「現在你來試試。」

　　那時射手才明白到，巧藝的確是出自於熟練，因為他就不可能做得到。他帶著歉意望著賣油郎。

　　賣油郎說：「親愛的射手，你每天練習射箭，練成神技；我每天練習倒油，練成絕藝。那的確是熟能生巧罷了。」

有些人經常花很多時間在暴躁。

跟家人爭吵令他們暴躁，被上司斥責令他們暴躁——諸般事情，都令他們暴躁。

問題是，如果你每天練習暴躁，你會成為暴躁專家。凡是你每天都做的，你就會成為該事項的專家。

你若練習體察，就會擅於體察，正如你若練習生氣，生氣便成為你正在磨練的技巧。

我們若渾噩度日，毫無覺知地行事，無知無覺便成為我們的第二天性。

你在一生中，想專精什麼呢？

沙漠花開時

沙漠，是個令人生畏的地方。漫天沙塵、乾燥、寸草不生、蒼茫黯淡。狂風吹嘯，沙土乾涸；烈日無情地煎烤著大地，一絲水氣也不留地蒸發掉了。所見之處，人們都以為沒有生物可以活下來，這裡，沒有生命的氣息。

然而，就在土表之下，有無數的種子等待著生長的機會。等待著雨水。有時十年過去涓滴全無。沒有任何下雨的跡象，沒人能保證雨水能降臨。

在這樣的環境下，還能保持希望活下去並耐心等候，並不容易。但那些種子從不放棄希望。

它們已準備就緒，一旦雨水降臨，便可以發芽。

一天，雲開始結聚，空氣中的濕度開始上升，遠處響起的雷聲宣布了雨水的降臨。

伴隨著升起的濕氣，一縷甜美的芳香瀰漫開來。

然後第一滴雨落下來，接著是另一滴，不一會兒雨就滂沱而下。雨水滲進土壤，那些等了漫長歲月的種子開始活了起來，使出渾身力氣，發芽生長。

不多久，沙漠就鋪滿了明亮的紅色、藍色和橙色，花兒展現了一場華麗而盛大的表演。沙漠遍地開花，這是生命與美的勃發。

種子不會糟蹋機會，也不會找藉口。它們不會說：「我以為下個星期才會下雨呢。」

它們隨時都在準備好的狀態中等待機會。

同樣地，我們也都保有種子，耐心等待機會茁長。一顆完備的種子，等待著清明而澄澈的雨水；等待著你去作出實踐的決定。如果你能夠作出選擇並開始付諸實行，那麼潛伏在你內在的種子將會綻放光采。

有一種疾病，蠶食著人類，你一旦患上就難以醫治。這個病就是「無覺知」，無知無覺地渡過人生。我在全球各地對人們說：「自由在你裡面。」我在監獄對人們視為最不自由的人們講述這種自由。

什麼是自由？

如果你想感覺那種自由，那麼你就要去醫治「無覺知」這個疾病。

有一種治療方法，就是去明白你存在的價值，去認識這份珍貴。

那麼，不論你身在何處，你都可感覺到你內在真正的自由。

剛強如水

　　河水自由自在地奔流。它不會問任何人它該流向何處，它找到最適合自己的路線，在那條路線上可能會遇到一塊岩石。石頭對河水說：「我不會移開，你繞過我吧。」河水懷著謙卑回應：「可以，我會改變我的路線。」石頭以為自己贏了，但它不知道水真正的力量。

　　水有一份堅持，它逐滴逐滴地侵蝕岩石，終於切穿了岩石，順流而過。

　　峽谷能為水的力量作證。懷著極大的謙卑，水從不放棄，它一直流動，慢慢地把岩石磨蝕，最終是堅硬的岩石屈服於柔順的水。

　　水把頑石轉化成沙，並將它沖走。

找到你最重要的夢想吧，那個夢想不是去攀登世界最高峰，那個夢想是要得到滿足。

滿懷感激的心，將帶來一份不可思議的幸福感。

當你明白並接納那珍貴的事物，將讓你覺得快樂。

當你不在昨天和明天之間徘徊，而是堅定不移地扎根於當下，

你會覺得快樂。

當你的根基不是建立在理論或公式或信念上，

而是建立在認識內在自身那堅實的土地上，你會覺得快樂。

當你知道最好的朋友一直和你一起，在你的內在，

那感覺真好。

你生命中最重要的事，是發自內心真正感覺快樂。

感覺這生命，心懷感激並讓你的心充滿喜悅。

那時，你將會開始真正活著。

連結

我們怎樣與他人建立良好關係？

這是一個重要的課題，

也是我們每人都感興趣的事。

本章收集了普仁羅華在世界各地的演說中與觀眾的問答。

我結婚十年的妻子認為我永遠都不會改變，她已離開了我。我
怎樣讓她和我的家人看到我已真的改變了？

普仁羅華： 如果你只是為他們而改變是無濟於事的。哪一天
你為自己而改變，他們便會如蜜蜂般被花朵引來。
最可貴的是你沒有放棄自己，是這點讓你的生命得以轉化。

參與和平教育計畫的服刑人
印度・海德拉巴監獄（2014）

有沒有業障這回事，它跟我們被關進監獄有沒有關係？

普仁羅華： 如果你看看今天的自己和你的處境，這分明是你種種選擇的結果，和你的業障完全無關。我最近收到另一位服刑人的感言：「現在我終於明白是我的選擇令我入獄，而我的選擇會讓我出獄，也是我的選擇令我今後不再入獄。」但如果你問一個通靈人，他會說：「你坐牢是因為你的業障。」如果我坐牢是因為我的業障，那麼我還有什麼選擇？人永遠都有選擇，永遠有。我們會成為我們選擇的產物。我們要保有覺知來渡過此生，並且作出有覺知的選擇。

辦公室職員

日本·大阪（2014）

羅華先生，我在公司工作了五年，我和老闆相處得不好。我很容易被激怒，我覺得很難保持平靜和內心快樂。我該如何才能改善我和老闆的工作關係？

普仁羅華：也許你和老闆的關係是你壓力和惱怒的源頭，但有另一個因素，另一個更重要的因素值得推敲：你內在的狀態如何？當你沒有感到滿足時，雞毛蒜皮的小事也可以惹你生氣，但當你感到滿足時，置身於同樣的處境，你就能不受到影響。所以最關鍵的因素，是去消解你內在的衝突，並且和你自身建立和平的關係。在這個基礎上，你便得以有更好的機會和他人建立和平關係。同樣，憤怒是人之常情，我們時常都會感受到。但如果它開始成為你常規的運作模式，便成為問題了。如果你每天都發怒，你就是在練習發怒，你就會成為發怒的專家。

我建議你成為一個內心快樂的專家。一點一滴的，每一天，
作有覺知的努力，你就會看到轉變。

母親

英國·倫敦（2015）

我兩歲的兒子經常從玩伴手中搶奪玩具，為了搶到手還會推人。我想教他變得平和友善，我可以怎樣做呢？

普仁羅華：小孩子有各種情緒，他們會全部表達出來，包括較負面的情緒，例如憤怒和貪婪。你不能阻止孩子不去經歷和探索這些不同的情緒。他們需要去經歷那個過程。你能做的只是去提供一個良好的環境，給予支持和愛。有了適當的支持，大多數小孩會很快地渡過這些階段，並選擇以較平和的方式與他人互動。我們無法替他們選擇，但可以給他們最好的機會去作出好的選擇。

父親

巴西‧聖保羅 (2012)

我怎樣才能帶給我的家人更多快樂？

普仁羅華： 首先，你需要找到你內在的快樂。一個快樂的父親是你能給予家人最好的禮物。除此之外，若你真想他們快樂，花五分鐘時間，真正好好地去聆聽他們。想給你的妻子五分鐘的天堂嗎？那就花五分鐘，只需坐下來聆聽她。對你的孩子也一樣，其實，對任何人都一樣，真正好好地去聆聽一個人，這是我們時常忘記去做的事。

高校學生

南非‧約翰尼斯堡（2014）

我最近和一個朋友爭執，彼此都說了一些難聽的話，我但願自己沒有說過。我們怎樣才能避免這類爭執和這些情況？

普仁羅華：話一旦說出口，時間便捉住它，並將它帶走，現在我無法挽回它了。我既不能刪除，也不能修正或改變。我的一舉一動，時間都會攫取它、捉住它和帶走它。現在我對它已經無從操控了。因此每一天我需要作出努力，去省察我所言、所行、所明白、所接受、所拒絕的一切。這要下功夫，並非說我已經精通於此，因為這不是精通與否的事；這是需要努力不懈的事。有誰已精通了喝水？沒有人可以說他們已經精通了喝水，再也不需要喝水了。你每天都會口渴，你每天都一定要喝水。覺知正是這樣，省察正是這樣。每一天、每一刻，練習勤於省察。

有沒有可能透過親密的人際關係去感受和平？

普仁羅華： 首先要和你自己完整合一，否則你不能擁有一份真正成功的關係。當你自身內在強壯，那你會是一個好夥伴、一個好朋友、一個好母親。在關係中我們彼此倚靠，我們時時需要那份支持。好比一張椅子，你站不起來時便坐在上面，但如果那張椅子不牢靠，那就撐不住你了。它會斷裂，你就會摔在地上。當兩個個人都具足內在的力量，便可以彼此倚靠，當他們在生命中遇著低潮時，他們可以互相扶持。但如果你內在虛弱，你和他人的關係極有可能失敗。

在人生中，什麼是你所愛？什麼是你所懼呢？

普仁羅華： 我愛生命。它不斷變化，令我著迷。如果我塑造得宜，生命就會演進。隨著每一天的到來，賜予新的禮物，新的花朵綻放開來。

我也有恐懼，許多恐懼。當我飛行時，作為一個飛機師，我得對機上每一個人的生命負責。我會擔心飛機的狀況、天氣、燃油。

我恐懼許多東西，然而我不必任由恐懼擺布。我可以加以利用恐懼，恐懼要不可以助成你，要不可以癱瘓你。你可以用你的行動、你的充分準備將那份恐懼改變過來。你可以採取措施去確保你所恐懼的事情不會發生。這需要你的覺知和實際的努力。有知覺地渡過生命要動用許多精力，但那也是生命得以有趣的時候。

大學生

西班牙 · 巴塞羅納 (2015)

我在想，你可曾有過難熬的日子，問題接踵而來似乎沒完沒了？

普仁羅華：當然我也有過難熬的日子，我是一個人類。我也曾有過看似永遠無法擺脫的種種問題。當問題來時，它們像泰山壓頂，和整個世界一樣巨大。然而我嘗試記住這一點：我的問題只不過如同我兩耳之間的距離那麼大。它們只是存在於我們稱之為腦殼這個小匣子裡。它們充其量也不過如此而已。

多數時候，是我的選擇讓我深陷於問題之中，而我的選擇可以讓我得以自拔。

這口氣正在進入你的內在，而每一次當氣息進入時，你可知道它在對你說什麼嗎？這最強大而有力的東西，這口氣，在說：「前進、行動、轉化、活著、存在。」

高中生

義大利・西西里島・馬扎拉德爾瓦洛市（2011）

為什麼那些總統和領袖要把人民捲入他們的紛爭？為什麼他們不可以坐下來好好談而不必塗炭生靈？

普仁羅華： 很久以前，國王御駕親征，在戰場上必須身先士卒。所以當時談判是至為重要的，因為沒有任何一方想戰死沙場。而今領袖們都坐在安全的地方，卻派別人去打仗。戰爭根本不該是一個選項。為了你的理由而去殺死另一個人，是不該被接受的。

我想知道更多關於這個訊息能如何應用於企業界？

普仁羅華： 全世界的企業，架構上都有一個根本的問題。人人都有夢想，有他想達致的目標。他能夠實現的唯一途徑是他得有錢，讓他可以生活無憂，有房子、有食物、有車。於是他去找份工作。公司說：「你替我們工作，我們就給你錢；有了錢，你就可以做任何想做的事。」就是這樣開始的。然而那公司有它自己的目的，沒多久，就對那人說：「你要實現我們的夢想、我們的目的，而不是你的夢想和目的。」這個人現在沒有時間給自己了。沒多久，他就會放棄。他放棄了些什麼？種種夢想、種種追求。結果是，這個人不能和社會相容、不能和家人與朋友相容，而最大問題是：不能和自己相容。不再心平氣和了，不再有夢想了，現在他只期待著退休。真可悲。可是，一家企業的成功有賴於

那些電池尚未耗盡的個體。這個訊息著眼於電池，當電池充飽了電，就會帶來巨大的利益。

企業總裁： 你能多說一下它所能帶來的利益嗎？

普仁羅華： 生氣蓬勃的個體通常比較能隨機應變，亦更有能力去進化，以及接受新的意念和資訊。那些在日常生活中經常感受到壓力和挫敗的人，其進化和吸收新意念的能力通常很弱。他們窮於應付，已無餘力了。而感到滿足的人創造力是豐沛的。業務上的創新來自生機旺盛的個人。大多數人都是憑先入為主的觀念去處理問題。然而，當電池充飽了電，人們就有能力以全新的角度去看待同樣的問題。這訊息能夠

讓一個人感覺充實圓滿，讓創造力、熱情、和平復原。當企業的每一份子都出色時，這家企業當然會出色。這個道理適用於任何一個致力於共同目標的群體。它們可以是一家公司、一支運動隊伍、一間學校、甚至一個家庭。當個人蓬勃茁長時，它為每一個人都帶來巨大的利益。

作者簡介

普仁羅華

多年來，普仁羅華一直在旅行並和人們對話。

本章，是他的生活和工作的深入觀察。

窮其一生周遊世界並分享一個普世的訊息

1957年，普仁羅華誕生於印度北部哈德瓦近郊一個小村莊。他的父親，喜瑞·漢士基，是一位講述內在和平與滿足的著名講者。普仁從父親身上學到很多，並受父親鼓勵去發展他身為演講者的天賦。普仁年僅八歲時，父親去世，他便肩負起繼承父親志業的責任。他開始趁著學校假期去各地聚會中演說，很多人看到一個小孩講述一個如此深奧的主題，講得這麼簡單而清楚，都深受感動。

1971年，普仁十三歲時，他受邀赴英國倫敦和美國洛杉機，首次在印度境外演講。自那趟行程之後的四十多年來，普仁行遍世界各地，在250多個城市，向總數超過1,500萬現場觀眾講話。

他的演講已被譯成75種語言。會眾規模大小不等，從極少數的人到成千上萬的人。在印度比哈爾省的一場節目中，約有五十萬人聚集聆聽他的演講。

普仁羅華所講的內涵既簡單而普世皆然。「每個人內在都蘊藏著與生俱來想滿足的渴望。」跨越了文化、宗教、經濟、政治、教育和社會地位種種藩籬，從監獄服刑人到世界戰亂地區的人民，他將同一訊息帶給不同背景的人。

普仁羅華的作為得到世界各地政府和民間組織的認同。曾受邀發表演說的場合，包括英國肯辛頓宮、歐盟議會、義大利和阿根廷及紐西蘭國會。他也曾受邀前往監獄、論壇和著名大學演講。

2011年11月，由歐盟議會第一副主席吉阿尼‧皮特拉主持，舉行了一個名為＜歐盟之和平及福祉＞的特別節目，普仁羅華擔任主講嘉賓。出席者有大批國際政治家代表團，以及歐盟各國關心和平的機構一眾代表嘉賓。

普仁鼓舞人心的訊息，直接促成了有史以來第一份《和平宣言》，並在歐盟議會簽署。

2012年，在馬來西亞舉行了一個頒獎典禮，標題為《和平的70億個理由》，普仁羅華獲頒卓越品牌終身成就獎（Brand Laureate Lifetime Achievement Award）。在此之前，曾獲得這項殊榮的人，包括希拉蕊‧克林頓和尼爾遜‧曼德拉。

2003年於印度新德里尼赫魯體育館向13萬人演講。

2005年於美國舊金山舉行的聯合國60週年紀念會上演講。

2011年於布魯塞爾舉行的歐盟＜和平與福祉＞節目中講話，旁為歐洲議會第一副主席吉阿尼‧皮特拉。

普仁羅華基金會（TPRF）

　　除了致力於演講之外，普仁也創立了一個慈善基金會，幫助人們活得有尊嚴，和平昌盛。基金會其中一個計畫名為「民糧計畫」，此概念開始於普仁探訪印度班兜利的時候，該地區的兒童雖然心靈富足，卻嚴重營養不良。基金會與當地社區合作，建立了一個機構，為有需要的人提供每日餐點和乾淨飲用水。該機構為社區提供了長期支援，目前在基金會協助下由當地人們自行經營。此機構發揮了意想不到的顯著作用，該區的犯罪率下降了。由於營養改善，當地第一批受助兒童現在已上了大學。

　　在甘納和尼泊爾加德滿都也有「民糧計畫」的機構，還有更多機構在規劃當中。這個計畫非常強調尊重受助者的尊嚴及其固有文化。基金會和受助者合作，以確保在最基本層面上扶貧，讓當地的人最終可變得完全自足自給。

2014年在南非桑德瓦特監獄回答服刑人提問。

普仁羅華基金會在迦納歐廷華（左）和尼泊爾塔薩而普（右）的「民糧計畫」
機構。

普仁羅華基金會也會撥款，參與全球主要慈善團體的賑災工作。

　　基金會另外一個工作是「和平教育計畫」，課程包括觀看一整套的數位光碟（DVD），結合有關主題的反思和討論，諸如力量、選擇、希望及個人和平等。此課程已在48個國家，由很多不同類型的組織和社團舉辦，包括大專院校、青年計畫、成人教育課程、安養服務中心、退休人士中心、監獄以及假釋更生計畫。此課程被視為減低監獄暴力行為和降低犯罪率相關。美國聖安多尼奧市多明尼茲監獄的一位獄卒說道：「將近四年了，這項計畫的效果仍然持續，頗有服刑人從此洗心革面，重返社會，不再入獄了。那些參與這項計畫的服刑人行為顯著改善，他們的懲戒紀錄，也大幅下降。」

四個孩子的父親和攝影熱愛者

當無須風塵僕僕奔走於世界各地的時候，普仁會偷閒和家人共聚天倫，或從事他多項興趣中某幾項。普仁喜歡繪畫、創作音樂和攝影。他的大女兒娃蒂說：「爸爸非常慈愛，幽默風趣，常常逗我們笑。我們小時候，他會給我們講精彩的床邊故事。他是個全心全意奉獻的人，對家庭、對工作都是如此。我耳濡目染，明白到你若保持清明，作適當的選擇並持續努力，你便可以卓然有成。」

普仁和他的孫子。

人生顧問 273

沙漠花開時：找回內在平靜的42則生命寓言

作　　　者——普仁羅華
插　　　畫——城井文
譯　　　者——黎燕琼、何翠薇、洪傳宗
主　　　編——李筱婷
企　　　劃——張瑋之
美術設計——徐小碧
內頁排版——宸遠彩藝
總 編 輯——趙政岷
董 事 長
總 經 理——趙政岷
出 版 者——時報文化出版企業股份有限公司
　　　　　10803台北市和平西路三段二四〇號三樓
　　　　　發行專線—（〇二）二三〇六六八四二
　　　　　讀者服務專線—〇八〇〇二三一七〇五
　　　　　　　　　　（〇二）二三〇四七一〇三
　　　　　讀者服務傳真—（〇二）二三〇四六八五八
　　　　　郵撥——一九三四四七二四時報文化出版公司
　　　　　信箱— 臺北郵政七九~九九信箱
時報悅讀網——http://www.readingtimes.com.tw
電子郵箱——books@readingtimes.com.tw
法律顧問——理律法律事務所陳長文律師、李念祖律師
印　　　刷——盈昌印刷有限公司
初版一刷——二〇一七年九月八日
定　　　價——新台幣二八〇元

時報文化出版公司成立於一九七五年，
並於一九九九年股票上櫃公開發行，
於二〇〇八年脫離中時集團非屬旺中，
以「尊重智慧與創意的文化事業」為信念。

國家圖書館出版品預行編目資料

沙漠花開時：找回內在平靜的42則生命寓言 / 普仁羅
華(Prem Rawat)著；黎燕琼,何翠薇,洪傳宗譯. -- 初
版. -- 臺北市：時報文化, 2017.09
　面；　公分. -- (人生顧問；273)
　譯自：When the desert blooms
　ISBN 978-957-13-7123-8(平裝)

1.人生哲學　2.通俗作品
191.9　　　　　　　　　　　　　　　106015227

When the Desert Blooms by Prem Rawat
Published by arrangement with Bunya publishing
corporation, LLC
Complex Chinese editon copyright © 2017 by
China Times Publishing Company
All rights reserved.